MJAM

Wichtiges ZEUG

1. Auflage 2024
Deutsche Erstausgabe

Originaltitel: »Five Star Stories«
Erschienen bei Scholastic, London
Text © 2022 Liz Pichon
Illustrationen © 2022 Liz Pichon
Übersetzung aus dem Englischen: Verena Kilchling
Umschlaggestaltung: Anke Koopmann, München
in Anlehnung an das englische Original
Gesetzt aus der Pichon Body regular
von Achim Münster, Overath
Druck und Bindung: Mohn Media Mohndruck GmbH, Gütersloh
Printed in Germany • ISBN 978-3-505-15121-7

Druckprodukt mit finanziellem Klimabeitrag
ClimatePartner.com/15109-2009-1001

MIX
Papier | Fördert gute Waldnutzung
FSC® C011124

Fotos:
S. 2, 51, 60 – (Fotos von Liz Pichon) – Clara Molden
Haare und Make-up – Lizz Payne
Alle anderen Fotos © Liz Pichon

www.schneiderbuch.de
Facebook: facebook.de/schneiderbuch
Instagram: @schneiderbuchverlag

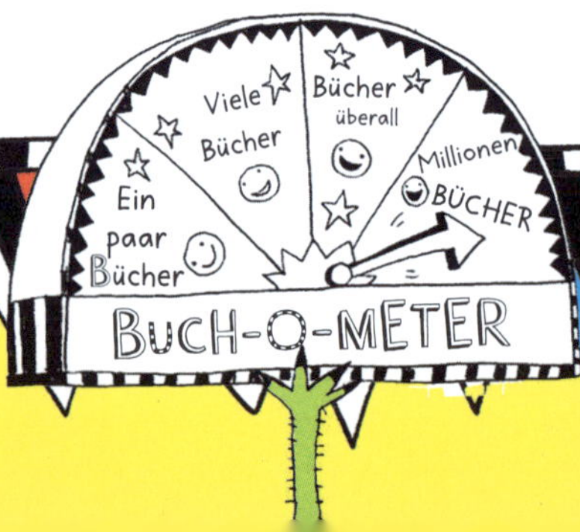

Genialer Inhalt

Spannende Linie

Zeichne MICH!

Hallo!

Ich bin Liz und schreibe und zeichne alle Tom-Gates-Bücher (und andere Bücher wie *Ruby, Bär und der unglaubliche Krieg der Schuhe*).

Wenn du das hier liest, hast du WAHRSCHEINLICH richtig LUST, nach einem Stift zu greifen und zu zeichnen – gut so! In DIESEM Buch dreht sich nämlich ALLES ums ZEICHNEN!

Als Kind habe ich mit BEGEISTERUNG Comics gelesen (unten siehst du ein Foto von mir auf dem Sofa, wo ich am liebsten gelesen habe) und ALLE meine Lieblingsfiguren abgemalt, natürlich auch aus anderen Büchern. Das war eine gute Möglichkeit, verschiedene Zeichenstile zu lernen.

In diesem Buch zeige ich dir, wie du im Stil meiner Hauptfigur Tom Gates zeichnen kannst, und verrate dir nützliche Tipps und Tricks. Ich hoffe, du bekommst Lust, deine eigenen Figuren zu erfinden und vielleicht eine Geschichte über sie zu schreiben.

Also hol dir ein Blatt Papier und einen Filz- oder Bleistift, damit wir zusammen loslegen können!

JEDER KANN ZEICHNEN!

Liebe Grüße,

Liz xx

Das bin ICH, die da auf dem Sofa sitzt. Ich sollte lächeln, weil mein Papa ein Foto machen wollte. (Keine Ahnung, warum ich eine Spielkarte hochgehalten habe.) Ich hatte schon die GLEICHE Frisur wie heute!

ERSTE SCHRITTE
(So zeichne ich meine Bücher)

Mein ALLERERSTES TOM-GATES-Buch habe ich mit Bleistift und schwarzem Filzstift in ein Schulheft geschrieben und dann Bilder dazugeklebt. So könntest DU es auch machen.

Toms Ausrede dafür, dass er seine Hausaufgabe nicht hatte:

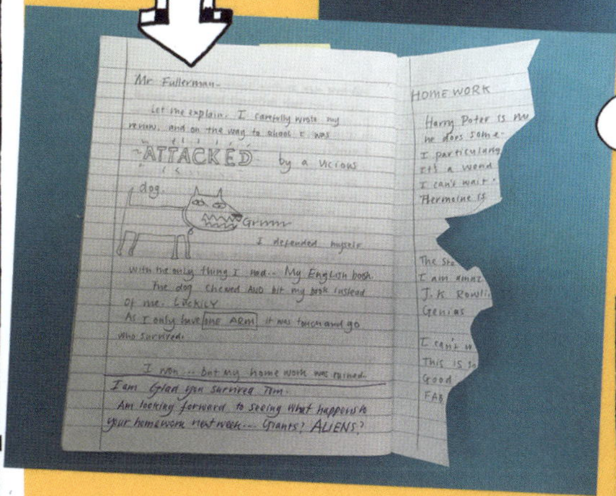

Jeder arbeitet auf seine Weise, es gibt kein Richtig oder Falsch. Ich experimentiere z.B. gern mit Lack, Buntstiften, Filzstiften, Tinte und buntem Papier. Dabei mache ich oft eine Riesensauerei.

Auf der nächsten Seite steht etwas SEHR Wichtiges:

Meine ersten Skizzen mache ich am liebsten mit einem weichen 4B-Bleistift. Auf den meisten Bleistiften stehen eine Zahl und ein Buchstabe, die einem verraten, wie HART oder weich der Stift ist. Für alle Bleistifte gilt: Je weicher, desto dunkler die Linie:

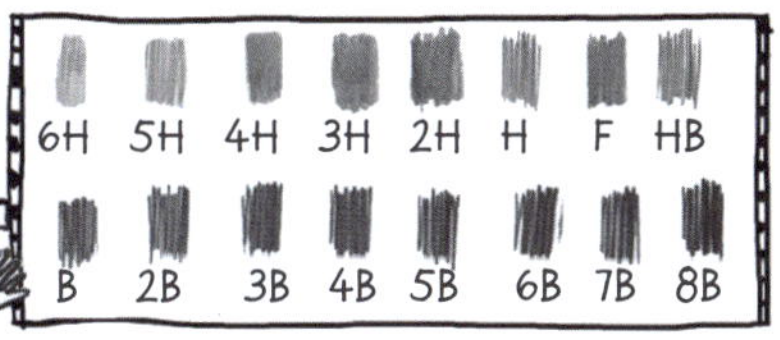

Danach nehme ich einen DÜNNEN schwarzen Filzstift und FAHRE die Skizzen auf einem zweiten Blatt Papier nach. Die so entstandenen Zeichnungen SCANNE ich ein und male sie am Computer aus.

Top Tipp

Achte darauf, dass dein Bleistift immer gut GESPITZT ist. So kannst du besser kleine Dinge zeichnen.

HAB KEINE ANGST DAVOR.

FEHLER ZU ~~MACK~~ MACHEN

LOS GEHT'S MIT Tom Gates

Hier ist es

DIESES Logo prangt auf ALLEN Tom-Gates-Büchern. Versuch doch mal, dein EIGENES Logo mit einem anderen GESICHT innerhal des Kreises zu entwerfen!

Schritt für Schritt

Hier kannst du deine EIGENEN Comic-Figuren ZEICHNEN:

Zeichne Toms Gesichtsausdrücke

Fallen dir witzige Situationen ein, die zu Toms Gesichtsausdrücken passen? Ich fange an: Delia ist (mal wieder) als ERSTE im Bad; Gockel FRISST Toms Hausaufgabe; BESTES Lied der Welt; Wer hat die Süßigkeiten versteckt?

UND HIER IST

Tom in AKTION

Zeichne Tom hierhin:

Tipp

Eine meiner Skizzen:

Ich fertige erst MASSENHAFT grobe Skizzen an, bevor die endgültige Zeichnung entsteht. Mein Block ist aus sehr dünnem Papier, und ich zeichne immer wieder über die Skizzen drüber, bis ich mit Körperhaltung und Gesichtsausdruck zufrieden bin.

Die gestrichelten Linien sollen dir dabei helfen, Toms Körper passend hinzubekommen. Wenn ich Tom zeichne, sieht er nie genau gleich aus. (Schau ruhig nach, wenn du die Bücher zu Hause hast.) Es ist viel wichtiger, die richtige Stimmung zu vermitteln!

Platz für dich zum Zeichnen.

SO ZEICHNEST DU

TOMS FAMILIE

amas
:huhe

ZEICHNE jemanden aus DEINER Familie
(beim Tanzen oder Nicht-Tanzen)

Trippelnde Füße

UND HIER KOMMT

Delia (die Spaßkanone)

Delia zeichne ich meistens mit Sonnenbrille. Dir ist vielleicht schon aufgefallen, dass sie keine Nase hat. Wenn man etwas anders darstellt, als es in Wirklichkeit ist, nennt sich das »künstlerische Freiheit«. Lass uns zusammen überlegen, wie Delia mit Nase aussehen könnte! Oder ohne Brille!

Platz für deine Delia:

Male Delia bunt an!

(Was ganz Neues für sie ...)

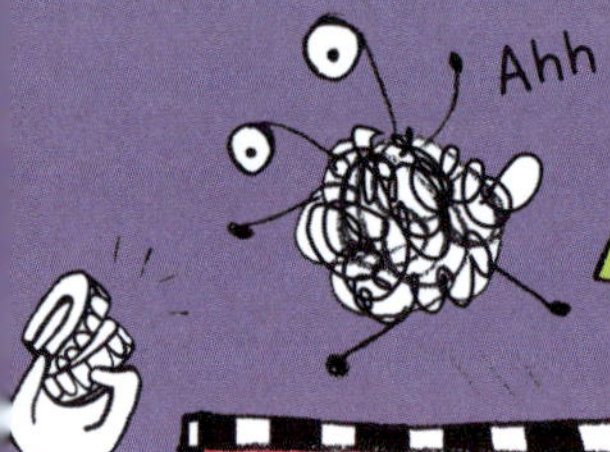

SO ZEICHNEST DU

Bob und Mavis,
Toms Großeltern

DIE FOSSILIEN

Fischkeks

Male hier einen FISCHKEKS

Zeichne Oma Mavis und Opa Bob mithilfe der gestrichelten Linien.

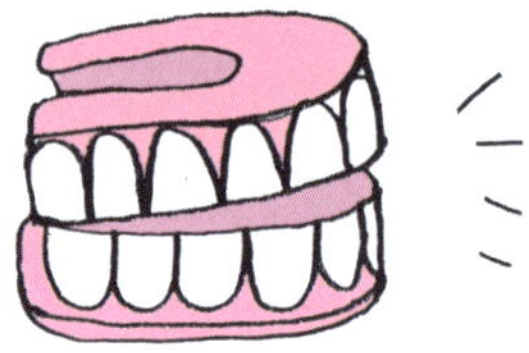

Noch ein Gebiss

Stelle das Fossilien-Logo fertig.

DIE FOSSILIEN

DIE FOSSILIEN

Omas Vorstellung von LECKER

Karottensticks mit Vanillepudding ...

DIE FOSSILIEN IN AKTION

UND HIER SIND

Onkel Kevin, Tante Alice und die Cousins

Kannst du Toms Onkel, Tante und Cousins fertig zeichnen?

WIRF dich in POSE
mit Onkel Kevin und Tante Alice!

ZEICHNE den ZWEITEN COUSIN

SO ZEICHNEST DU

HÄNDE

Ich finde es ganz schön SCHWIERIG, Hände zu zeichnen. Deshalb haben die Figuren in meinen Büchern oft die ARME VERSCHRÄNKT. Am besten geht es, wenn du deine EIGENEN Hände als Vorlage nimmst.

Ich zeichne keine ECHTEN Hände, sondern nur einfache Umrisse.

TIPP:

Wenn deine Hände aussehen sollen, als würden sie sich bewegen, füge einfach ein paar Bewegungslinien hinzu.

MALE um deine Hand herum, dann siehst du die FORM deiner FINGER.

Ergänze die Hände

Florence und ihre Hände

Monster-hände

Was hält Marcus in den Händen?

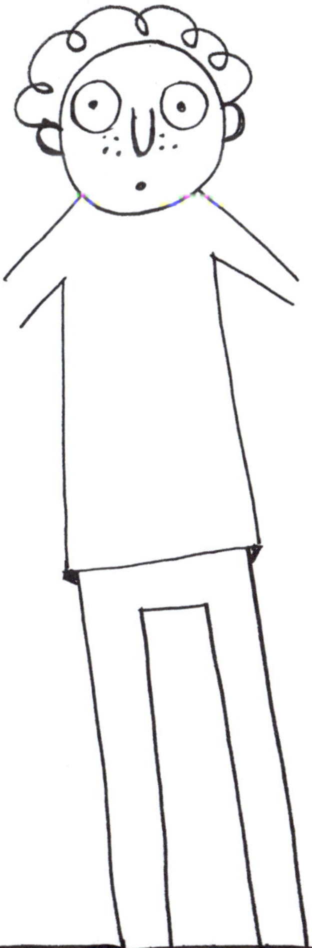

Alienhände

Füge auch die Arme hinzu.

UND JETZT EIN

SELBSTPORTRÄT

Schau dich beim Zeichnen im Spiegel an oder nimm ein Foto als Vorlage. Ich mache immer zuerst ganz viele schnelle Skizzen (siehe unten) und zeichne die Linien mit Filztift nach, sobald ich mit dem GESICHT zufrieden bin.

RECHTS IST PLATZ FÜR DEIN PORTRÄT

Skizziere hier grob deine KOPFFORM.

Dann malst du die Haare dazu und deutest Nase, Mund und Augen an.

Sogar wenn ich Tom zeichne, mache ich ZUERST solche groben Skizzen.

Platz für Skizzen

Name

Datum

WEITER GEHT'S MIT

Toms Freunden
(aus sämtlichen Büchern)

Hier ein paar von Toms Freunden für dich zum Zeichnen.

Platz zum Abmalen der Freunde

DIE FRAGE LAUTET

Hier kannst du deiner Fantasie freien Lauf lassen:

Hörst du mir zu?

SO ZEICHNEST DU

Mr. Fullerman
Schritt für Schritt

Mr. Fullerman am Ende eines langen Schultags

Hier ist Platz für deinen Mr. Fullerman:

Hier ein Ganzkörperbild von Mr. Fullerman. Orientiere dich an den gestrichelten Linien, dann bekommst du ihn richtig hin!

Vorbild für Mr. Fullerman war ein früherer Lehrer von mir. Er hieß Mr. Jones und hatte eine Brille. Soweit ich mich ERINNERE, hat er immer ziemlich GRIMMIG dreingeblickt, vor allem in Mathe. Deshalb habe ich Mr. Fullerman RIESENGROSSE Augen verpasst, denen NICHTS entgeht, was Tom oder der Rest der Klasse anstellt.

Mein damaliger Lehrer Mr. Jones

WAS hat Mrs. Worthington gefunden? Zeichne etwas Lustiges!

Hier ein paar VORSCHLÄGE, was sie in der Hand halten KÖNNTE:

UND HIER SIND

NOCH mehr Lehrer

Tom bekommt manchmal Ärger, weil er Porträts von seinen Lehrern kritzelt!

SCHULLEITER Mr. Keen hat SEHR buschige Augenbrauen.
Ich habe sie durch Bananen ersetzt.
Was könnte man noch hinmalen?

Zeichne Mr. Keen mithilfe der gestrichelten Linien!

Mrs. Nap
beim Singen
Weitere Lehrer zum Fertigzeichnen
Mrs. Nuschel
Mr. Sprocket
beim Tanzen
Miss Raschel, die Bibliothekarin

Die Schuldisco der Oakfield-Schule BRAUCHT noch mehr TÄNZER, also MACH DICH ANS ZEICHNEN!

SCHON GEWUSST?
Liz und die Kinder der Horsenden Primary School haben 2017 einen neuen WELTREKORD aufgestellt: GRÖSSTER DISCOTANZ aller Zeiten!

HIER IST PLATZ FÜR

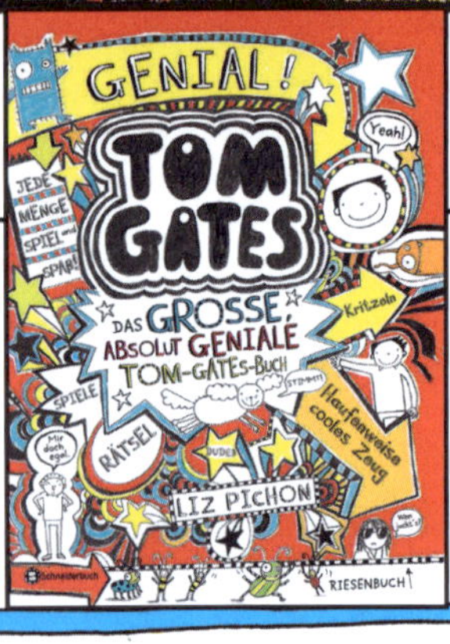

dein EIGENES Zimmer
(oder ein anderes Lieblingszimmer)

Toms Zimmer:

Keine Sorge: Du musst nicht alles GENAUSO zeichnen, wie es aussieht. (Meine AUGEN sind in Wirklichkeit auch keine schwarzen Punkte!)

Hier ein paar Sachen, die in Toms Zimmer herumliegen KÖNNTEN:

TIPP:

Im Hintergrund zeichne ich oft Gegenstände, die HINWEISE auf Toms Vorlieben geben, z.B. leere Karamellwaffelpackungen, Comics oder verstreute Zeichenutensilien.

Zeichne noch mehr Poster und Fotos an Toms Zimmerwand!
DUDE3
DOGZOMBIES

SO ZEICHNEST DU

Pfote für Pfote

GOCKEL

MURMEL
DER HAMSTER

TIPP:

Mit einem weichen Bleistift kannst du Schatten unter Gockels Pfoten malen oder Bewegungslinien hinzufügen.

Gockel in Aktion

Wonach springt Gockel hier in die Luft?

HIER EIN PAAR GROSSE UND kleine Sachen

TIPP:

Dieser weit ENTFERNTE Käfer sieht winzig aus. Male den anderen Käfer GRÖSSER, weil er näher ist.

Zeichne den KÄFER fertig. Er ist jetzt NOCH NÄHER.

Ich habe eine HAND dazugemalt, damit man sieht, wie groß der Käfer eigentlich ist (winzig!).

GROSSER Käfer, kleines Haus.

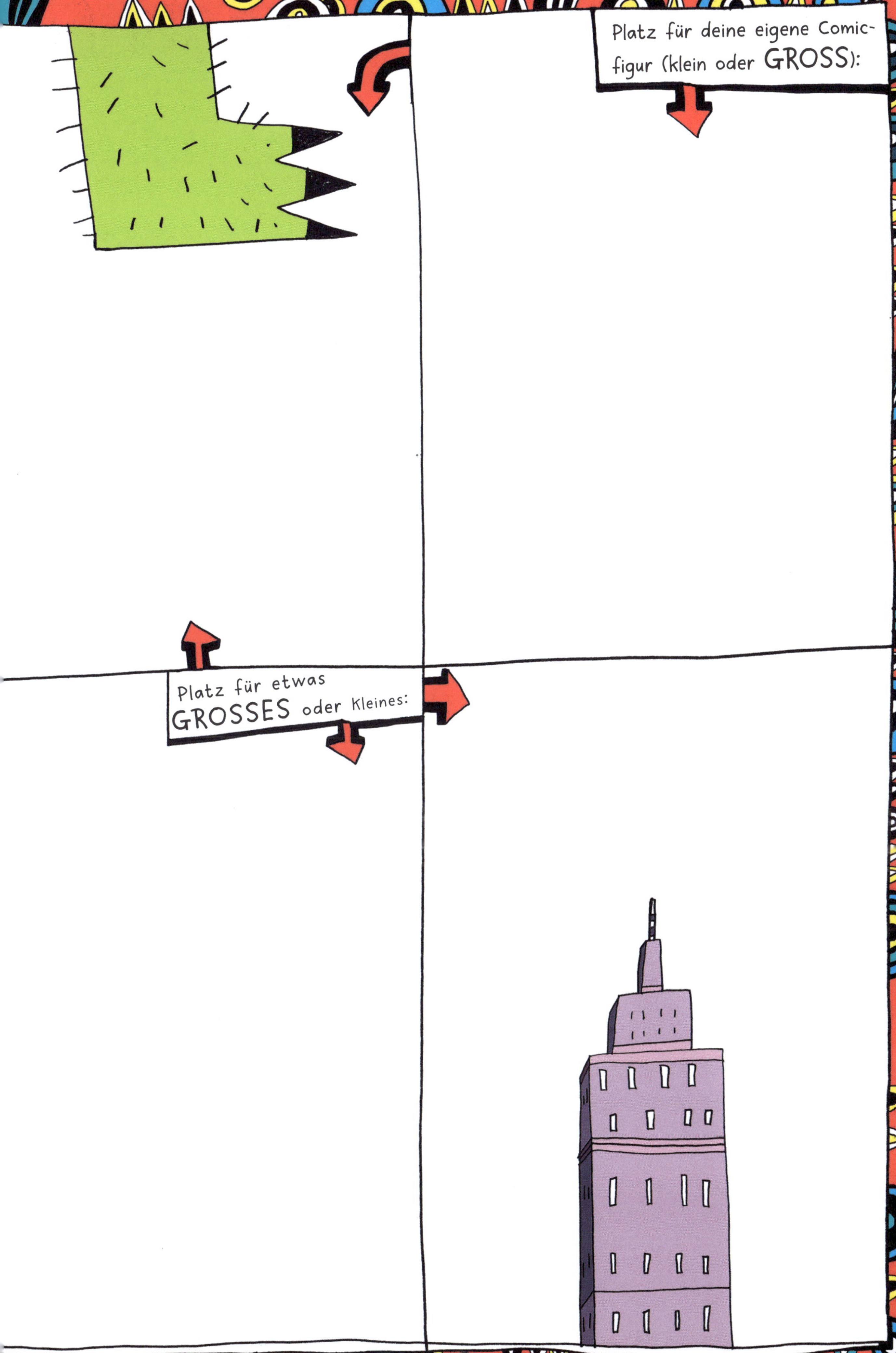
Platz für deine eigene Comicfigur (klein oder GROSS):
Platz für etwas GROSSES oder Kleines:

ÜBERRASCHE

Marcus, indem du etwas hinter ihn zeichnest!

Aus welchem Buch stammt dieses Bild?

In Zufällig ziemlich witzig (Band 19) spielen DONUTS eine wichtige Rolle!
WEITER GEHT'S MIT
SNACKs,
seltsamen Leckereien
(und Karotten)
Mm mm.
Von welchem SNACK träumt Florence?
Karotte, Schritt für Schritt:
Käse-Flips
Karamell-waffeln
WAFFEL
WAFFEL
Fröhlicher Rosenkohl (kein guter Snack!)
Eifrige Erdbeere
Lustiger Apfel
Karamell-Donut
Toast
OH NEIN! Nicht Omas Gemüsetörtchen!
Noch mehr Kekse.
Welche PACKUNG ist LEER? (Lösung auf der letzten Seite … nicht schummeln!)
A
B
C
WAFER
WAFER
WAFER
Snack-ANEKDOTE
Den Streich mit der leeren Karamellwaffelpackung habe ich als Kind immer gespielt. Deshalb kommt er auch in meinen Büchern vor.

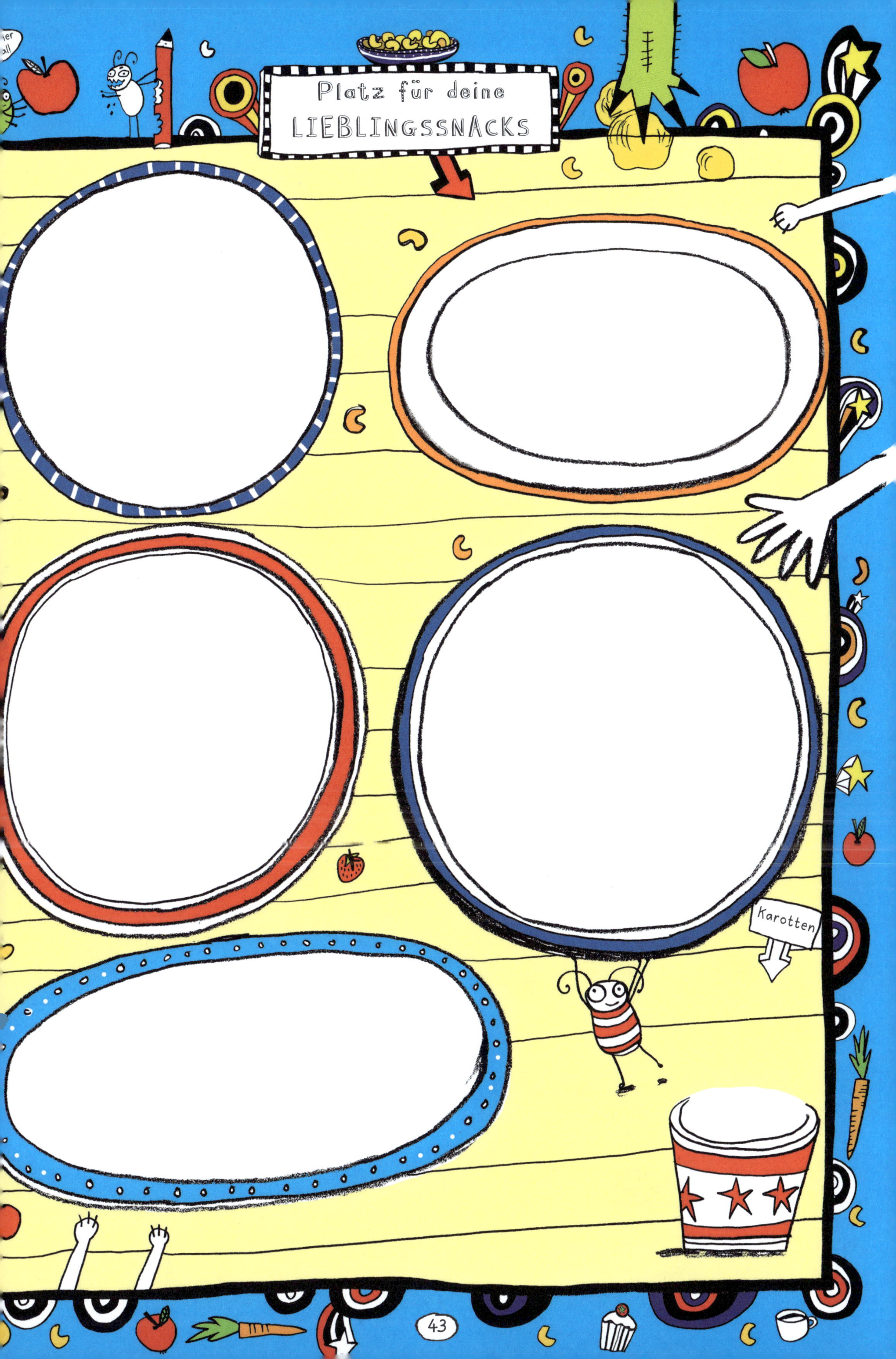
Platz für deine
LIEBLINGSSNACKS
Karotten

SO ZEICHNEST DU DogZombies

und andere Zombies

DogZombie – Schritt für Schritt
(Sabbertropfen HINZUFÜGEN!)

Noch mehr DogZombies

Tipp:

Wenn du die AUGEN der Hunde dunkel umrandest, sehen sie noch gruseliger aus!

WICHTIG FÜR TOM:

BANDS UND INSTRUMENTE

In meinen Büchern kommt immer VIEL MUSIK vor: lustige Liedtexte, Bandproben oder Auftritte. Hier ein paar Instrumente zum ABZEICHNEN (nicht alle gibt es wirklich) ...

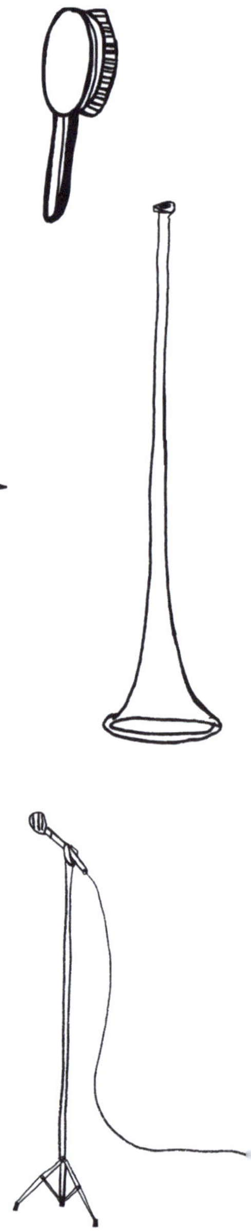

Julia spielt Bass-gitarre.

Zeichne deine EIGENEN Musikinstrumente und dein BAND-LOGO:

Eine TROMMEL für DEIN BAND-LOGO.

SO ZEICHNEST DU

MUSTER und STERNE (passen ÜBERALL hin!)

Nicht schon wieder!

Beim Zeichnen gibt es KEIN RICHTIG ODER FALSCH, es macht also überhaupt nichts, wenn deine Zeichnungen nicht genauso aussehen wie meine!

Z.B. hier

STERN

Ein STERN, Schritt für Schritt:

Unten kannst du die gestrichelten Linien mit einem Stift nachfahren. Ich fülle mit gebogenen oder geraden Linien FREIE FLÄCHEN auf, das ergibt coole Muster. Auf der nächsten Seite ist Platz für dein Muster!

Male die Flächen zwischen den Linien bunt an!

Tipp:
Man muss nicht immer ALLES anmalen. Manchmal sieht es interessant aus, wenn man etwas schwarz-weiß lässt. Zeichne die Muster auf dieser Seite mit schwarzem Stift und lasse den Hintergrund weiß.
Fülle diese Seite mit noch mehr Mustern, WITZIGEN Monstern oder Comicfiguren auf!
Ein FUSS (Einfach so)
Zeichne viele gebogene Linien um mich herum!
GOCKEL
Ich bin eine verirrte Fledermaus.

WICHTIG:

DAS GEHT IMMER

KRITZELN AUF ECHTEN GEGENSTÄNDEN!

BITTE IMMER ZUERST EINEN ERWACHSENEN UM ERLAUBNIS, BEVOR DU IRGENDWAS BEMALST! (Sonst bekomme ich Ärger!)

Hier ein paar ECHTE Gegenstände, die ich bekritzelt habe. Am besten probierst du dein Muster zuerst auf ALTEN, gebrauchten Sachen aus.

Zuerst machst du eine kleine TEST-MARKIERUNG auf dem Material, um zu sehen, ob dein Stift überhaupt darauf malt.

Manchmal beziehe ich die FORM eines Gegenstands in mein Muster mit ein. Zum Beispiel die Löcher dieser Turnschuhe, aus denen ich MONSTERAUGEN gemacht habe!

Diese Ukulele war ein PREIS und hat mich ganz schön viel Arbeit gekostet!

Ich habe TEXTILSTIFTE verwendet, um mein Federmäppchen, mein Kleid und meine Sneakers zu bemalen. Vor dem WASCHEN sollte man immer die Anleitung auf der Stiftepackung lesen!

Mit Figuren aus meinen Büchern bemalte Fingernägel

Diese Schuhe habe ich mit Permanentmarkern bemalt. Vorsicht: Die FARBE geht nur schlecht wieder von den Fingern ab!

Das BEKRITZELN meiner Pumps und Sneakers hat mich auf die Idee für mein *KRIEG-DER-SCHUHE*-Buch gebracht. Darin kommen jede Menge Schuhe mit SPEZIALFUNKTIONEN vor!

Hier ein SCHUH, den DU vollkritzeln darfst.

Tipp:

Wenn du ein T-Shirt verschönern willst, zeichnest du dein Muster am besten zuerst mit SCHWARZEM FILZSTIFT auf ein BLATT PAPIER. Das schiebst du dann in das T-Shirt, sodass die Linien DURCHSCHEINEN. Jetzt musst du sie nur noch mit Textilstift nachfahren!

Hier schiebst du das Papier rein.

UND ALS NÄCHSTES

COOLE WÖRTER und BUCHSTABEN

(und dein NAME!)

Tipp:

Mit einem dünnen Blatt PAPIER kannst du die Buchstaben abpausen, die du für deine Wörter brauchst. Zuerst skizzierst du sie, dann zeichnest du sie ins Reine.

Diese Schrift nenne ich meine BLUBBERSCHRIFT. Du kannst sie entweder abmalen oder abpausen und deine eigenen ÜBERSCHRIFTEN daraus bilden. Auf der nächsten Seite zeige ich dir, wie du einen tollen 3D-Effekt erzielen kannst!

A B C D E F G

H I J K L M N

O P Q R S T U

V W X Y Z

BUCH-schrift

Vorlage für die SCHRIFT des Fließtextes in meinen Büchern ist meine EIGENE Handschrift. Ich schreibe immer noch alle meine Bücher zuerst mit Bleistift vor. Es dauert jeweils vier bis sechs Monate, bis sie fertig sind.

Ich hab mich verschrieben!
Einfach WEGRADIEREN.
HALLO
Male zuerst einen PUNKT. Davon ausgehend ziehst du Linien zu den Ecken aller Buchstaben, so wie hier.
HI!
Und schon hast du einen 3D-Effekt!
LIZ
Schreibe deinen Namen in BLUBBER-Schrift, zeichne drumherum Muster und Sterne und male alles aus. Das Muster kannst du für alles MÖGLICHE verwenden!
DOGZOMBIES
Blubberschrift-Logo
TOM
MARCUS
BROCKEN
JULIA
AMY
LEROY

Wenn ich ein BUCH illustriere, zeichne ich vor allem Sachen, die für die HANDLUNG wichtig sind …
HIER EIN PAAR
BILDER, die zu diesen REIMEN passen
Ein Lehrer am Strand, dazu hellgelber Sand
… Manchmal füge ich aber auch Details hinzu, die NICHTS mit der Handlung zu tun haben – z.B. den Krebs, der an Mr. Fullermans Zeh knabbert!
Tom mit warmen Sachen – das ist doch zum Lachen!
Ein KÄFER fliegt leise und erschreckt eine MEISE.

Ergänze die ZEICHNUNGEN passend zum Reim!

Delia zieht 'nen Flunsch und trinkt dazu 'nen Punsch

Gestiefelte Beere – welch' seltene Ehre!

Derek mit HASE und BLUMEN-VASE.

Amy spielt BALL – dann ertönt ein KNALL ...

Ein Wurm mit Locken, aber ohne SOCKEN.

ZU GUTER LETZT

BÜCHER

Das erste Tom-Gates-Buch erschien 2011, HIER das Cover. Ich wollte, dass es so aussieht, als hätte Tom alles selbst gezeichnet. Auf der nächsten Seite ist Platz für deine EIGENEN BUCH-Cover, und unten für deinen Tom-Gates-Schriftzug. Inzwischen sieht er ein bisschen anders aus!

Dieser Schriftzug ist auf JEDEM Tom-Gates Buch. Die Reihe wurde schon in 45 Sprachen übersetzt (und es werden immer mehr!).

DEIN SCHRIFTZUG

PLATZ für den ANFANG DEINER Geschichte:

DEINE COOLEN BUCH-COVER:

UND JETZT DU

HIER KANNST DU ZEICHNEN, WAS IMMER DU WILLST!

Tob dich aus!

Ich geb's auf

Freiheit!

KRITZELSPASS MIT

Tom Gates und Liz Pichon

DEIN NAME

Mjam